Le fou,

ses paraboles et ses poèmes

Khalil Gibran

Writat

Cette édition parue en 2023

ISBN : 9789358812695

Publié par
Writat
email : info@writat.com

Le fou,
ses paraboles et ses poèmes

Par Khalil Gibran

Vous me demandez comment je suis devenu fou. Cela s'est passé ainsi : Un jour, bien avant la naissance de nombreux dieux, je me suis réveillé d'un profond sommeil et j'ai découvert que tous mes masques avaient été volés, les sept masques que j'ai façonnés et portés au cours de sept vies, j'ai couru sans masque dans les rues bondées en criant , "Voleurs, voleurs, les voleurs maudits."

Des hommes et des femmes se sont moqués de moi et certains ont couru chez eux par peur de moi.

Et quand j'arrivai sur la place du marché, un jeune homme debout sur le toit d'une maison s'écria : « C'est un fou. » J'ai levé les yeux pour le voir ; le soleil a embrassé mon propre visage nu pour la première fois. Pour la première fois, le soleil a embrassé mon propre visage nu et mon âme s'est enflammée d'amour pour le soleil, et je ne voulais plus de mes masques. Et comme en transe, je me suis écrié : « Bienheureux, bénis soient les voleurs qui ont volé mes masques. »

Ainsi je suis devenu fou.

Et j'ai trouvé à la fois liberté et sécurité dans ma folie ; la liberté de la solitude et la sécurité d'être compris, car ceux qui nous comprennent asservissent quelque chose en nous.

Mais ne laissez-moi pas être trop fier de ma sécurité. Même un voleur en prison est à l'abri d'un autre voleur.

Dieu

Dans les jours anciens, lorsque le premier frémissement de la parole venait à mes lèvres, je gravissais la montagne sainte et parlais à Dieu en disant : « Maître, je suis ton esclave. Ta volonté cachée est ma loi et je t'obéirai pour toujours.

Mais Dieu ne répondit rien et disparut comme une puissante tempête.

Et après mille ans, je gravis la montagne sainte et parlai de nouveau à Dieu, disant : « Créateur, je suis ta création. C'est avec de l'argile que tu m'as façonné et c'est à toi que je dois tout.

Et Dieu ne répondit rien, mais comme mille ailes rapides disparurent.

Et après mille ans, j'ai gravi la montagne sainte et j'ai parlé de nouveau à Dieu, disant : « Père, je suis ton fils. Par pitié et par amour tu m'as donné naissance, et par amour et adoration j'hériterai de ton royaume.

Et Dieu ne répondit rien, et comme la brume qui voile les collines lointaines, il mourut.

Et après mille ans, j'ai gravi la montagne sacrée et j'ai de nouveau parlé à Dieu, disant : « Mon Dieu, mon but et mon accomplissement ; Je suis ton hier et tu es mon demain. Je suis ta racine sur la terre et tu es ma fleur dans le ciel, et ensemble nous grandissons devant la face du soleil.

Alors Dieu se pencha sur moi et murmura à mes oreilles des paroles de douceur, et comme la mer qui entoure un ruisseau qui coule jusqu'à elle, il m'enveloppa.

Et quand je descendais dans les vallées et les plaines, Dieu était là aussi.

Mon ami

Mon ami, je ne suis pas ce que je semble être. L'apparence n'est qu'un vêtement que je porte, un vêtement tissé avec soin qui me protège de tes interrogations et te protège de ma négligence.

Le « je » en moi, mon ami, habite la maison du silence, et il y restera pour toujours , inaperçu, inaccessible.

Je ne voudrais pas que tu croies en ce que je dis ni que tu fasses confiance à ce que je fais, car mes paroles ne sont rien d'autre que tes propres pensées en son et mes actes tes propres espoirs en action.

Quand tu dis : « Le vent souffle vers l'est », je dis : « Oui, il souffle vers l'est » ; car je ne voudrais pas que tu saches que mon esprit ne s'attarde pas sur le vent mais sur la mer.

Tu ne peux pas comprendre mes pensées de marin, et je ne voudrais pas que tu les comprennes. Je serais seul en mer.

Quand il fait jour chez toi, mon ami, il fait nuit chez moi ; et pourtant, même alors, je parle du midi qui danse sur les collines et de l'ombre pourpre qui se fraye un chemin à travers la vallée ; car tu ne peux pas entendre les chants de mes ténèbres ni voir mes ailes battre contre les étoiles — et je ne voudrais pas que tu entendes ou vois. Je serais seul avec la nuit.

Quand tu montes à ton ciel, je descends dans mon enfer – même alors tu m'appelles à travers le gouffre infranchissable : « Mon compagnon, mon camarade », et je te rappelle : « Mon camarade, mon compagnon » – car je ne voudrais pas fais-toi voir mon enfer. La flamme brûlerait ta vue et la fumée envahirait tes narines. Et j'aime trop mon enfer pour que tu le visites. Je serais seul en enfer.

Tu aimes la vérité, la beauté et la justice ; et je dis pour toi qu'il est bien et convenable d'aimer ces choses. Mais dans mon cœur je ris de ton amour. Pourtant, je ne voudrais pas que tu voies mon rire. Je rirais seul.

Mon ami, tu es bon, prudent et sage ; non, tu es parfait — et moi aussi, je te parle avec sagesse et prudence. Et pourtant je suis fou. Mais je masque ma folie. Je serais fou seul.

Mon ami, tu n'es pas mon ami, mais comment te faire comprendre ? Mon chemin n'est pas ton chemin, pourtant nous marchons ensemble, main dans la main.

L'épouvantail

Un jour, j'ai dit à un épouvantail : « Tu dois être fatigué de rester dans ce champ solitaire. »

Et il a dit : « La joie d'effrayer est profonde et durable, et je ne m'en lasse jamais. »

J'ai dit, après une minute de réflexion : « C'est vrai ; car moi aussi j'ai connu cette joie.

Il dit : « Seuls ceux qui sont bourrés de paille peuvent le savoir. »

Puis je l'ai quitté, ne sachant pas s'il m'avait complimenté ou rabaissé.

Une année s'écoula pendant laquelle l'épouvantail devint philosophe.

Et quand je suis repassé près de lui, j'ai vu deux corbeaux construire un nid sous son chapeau.

Les somnambules

Dans la ville où je suis né vivaient une femme et sa fille qui marchaient dans leur sommeil.

Une nuit, alors que le silence enveloppait le monde, la femme et sa fille, marchant mais endormies, se rencontrèrent dans leur jardin voilé de brume.

Et la mère parla et dit : « Enfin, enfin, mon ennemi ! Toi par qui ma jeunesse a été détruite, qui as bâti ta vie sur les ruines de la mienne ! Est-ce que je pourrais te tuer ! »

Et la fille parla, et elle dit : « Ô femme haineuse, égoïste et vieille ! Qui se tient entre mon moi plus libre et moi ! Qui voudrait que ma vie soit un écho de ta propre vie fanée ! Voudrais-tu être mort ! »

À ce moment-là, un coq retentit et les deux femmes se réveillèrent. La mère dit doucement : « C'est toi, chérie ? Et la fille répondit gentiment : « Oui, chérie. »

Le chien sage

Un jour, un chien sage passa devant une compagnie de chats.

Et comme il s'approchait et vit qu'ils étaient très attentifs et ne lui prêtaient pas attention, il s'arrêta.

Alors se leva au milieu de la compagnie un gros chat grave et les regarda et dit : « Frères, priez ; et quand vous aurez prié encore et encore, sans aucun doute, alors en vérité il pleuvra des souris.

Et quand le chien entendit cela, il rit dans son cœur et se détourna d'eux en disant : « Ô chats aveugles et insensés, n'a-t-il pas été écrit et n'ai-je pas su, ainsi que mes pères avant moi, que ce qui pleut pour la prière, la foi et la supplication ? ce ne sont pas des souris mais des os.

Les deux ermites

Sur une montagne solitaire vivaient deux ermites qui adoraient Dieu et s'aimaient.

Or, ces deux ermites possédaient un bol en terre, et c'était leur seul bien.

Un jour, un mauvais esprit entra dans le cœur de l'ermite le plus âgé et il s'approcha du plus jeune et lui dit : « Cela fait longtemps que nous vivons ensemble. Le moment est venu pour nous de nous séparer. Partageons nos biens. »

Alors le jeune ermite fut attristé et dit : « Cela me chagrine, frère, que tu me quittes . Mais si tu dois partir, qu'il en soit ainsi », il apporta le bol de terre et le lui donna en disant : « Nous ne pouvons pas le diviser, frère, qu'il soit à toi. »

Alors l'ermite plus âgé dit : « Je n'accepterai pas la charité. Je ne prendrai que le mien. Il faut le diviser. »

Et le plus jeune dit : « Si le bol était brisé, à quoi cela servirait-il à toi ou à moi ? Si cela te plaît, jetons plutôt beaucoup.

Mais l'ermite le plus âgé répéta : « Je n'aurai que la justice et la mienne, et je ne confierai pas la justice et la mienne au vain hasard. Le bol doit être divisé.

Alors le jeune ermite ne put raisonner davantage et dit : « Si telle est effectivement ta volonté, et si même tu le veux, cassons maintenant le bol. »

Mais le visage du plus âgé des ermites devint extrêmement sombre et il s'écria : « Ô maudit lâche, tu ne voudrais pas te battre. »

Sur donner et prendre

Il était une fois un homme qui avait une vallée pleine d'aiguilles. Et un jour, la mère de Jésus vint vers lui et lui dit : « Mon ami, le vêtement de mon fils est déchiré et je dois le raccommoder avant qu'il aille au temple. Ne me donnerais-tu pas une aiguille ?

Et il ne lui a pas donné une aiguille, mais il lui a donné un savant discours sur Donner et Prendre, à porter à son fils avant qu'il n'aille au temple.

Les Sept Soi

Aux heures les plus calmes de la nuit, alors que j'étais à moitié endormi, mes sept moi étaient assis ensemble et conversaient ainsi à voix basse :

Premier Moi : Ici, dans ce fou, j'ai habité toutes ces années, sans rien faire d'autre que renouveler sa douleur le jour et recréer son chagrin la nuit. Je ne supporte plus mon sort et maintenant je me rebelle.

Deuxième moi : Votre sort est meilleur que le mien, frère, car il m'est donné d'être le moi joyeux de ce fou. Je ris de son rire et chante ses heures heureuses, et avec mes pieds trois fois ailés je danse ses pensées les plus lumineuses. C'est moi qui me rebellerais contre ma fatigue d'existence.

Troisième moi : Et qu'en est-il de moi, le moi amoureux, la marque enflammée de passion sauvage et de désirs fantastiques ? C'est moi, le malade d'amour, qui me révolterais contre ce fou.

Quatrième Soi : Moi, parmi vous tous, je suis le plus malheureux, car rien ne m'a été donné à part une haine odieuse et une répugnance destructrice. C'est moi, le moi semblable à une tempête, celui qui est né dans les grottes noires de l'Enfer, qui protesterais contre le fait de servir ce fou.

Cinquième Soi : Non, c'est moi, le moi pensant, le moi fantaisiste, le moi qui a faim et soif, celui qui est condamné à errer sans repos à la recherche de choses inconnues et de choses non encore créées ; c'est moi, pas toi, qui me rebellerais.

Sixième Soi : Et moi, le moi qui travaille, le pitoyable ouvrier , qui, avec des mains patientes et des yeux ardents, façonne les jours en images et donne aux éléments informes des formes nouvelles et éternelles, c'est moi, le solitaire, qui me rebellerais. contre ce fou agité.

Septième Soi : Comme il est étrange que vous vous rebelliez tous contre cet homme, car chacun de vous a un destin prédéterminé à accomplir. Ah ! pourrais-je être comme l'un d'entre vous, un moi avec un sort déterminé ! Mais je n'en ai aucun, je suis le moi qui ne fait rien, celui qui reste assis dans le muet, vide nulle part et nulle part, pendant que vous êtes occupé à recréer la vie. Est-ce vous ou moi, voisins , qui devrions nous rebeller ?

Quand le septième moi parla ainsi , les six autres le regardèrent avec pitié mais ne dirent rien de plus ; et à mesure que la nuit s'approfondissait, les uns après les autres s'endormirent enveloppés d'une nouvelle et heureuse soumission.

Mais le septième moi restait à regarder et à contempler le néant, qui est derrière toutes choses.

Guerre

Une nuit, une fête eut lieu dans le palais, et un homme vint se prosterner devant le prince, et tous les convives le regardèrent ; et ils virent qu'un de ses yeux était arraché et que l'orbite vide saignait. Et le prince lui demanda : « Que t'est-il arrivé ? Et l'homme répondit : « Ô prince, je suis voleur de métier, et cette nuit, comme il n'y avait pas de lune, je suis allé cambrioler la boutique du changeur, et en passant par la fenêtre, je me suis trompé et je suis entré . l'atelier du tisserand, et dans le noir, j'ai couru vers le métier à tisser et mon œil a été arraché. Et maintenant, ô prince, je demande justice contre le tisserand.

Alors le prince envoya chercher le tisserand et il vint, et il fut décrété qu'on lui arracherait un œil.

« Ô prince, dit le tisserand, le décret est juste. Il est juste qu'un de mes yeux soit pris. Et pourtant, hélas ! les deux me sont nécessaires pour que je puisse voir les deux faces du tissu que je tisse. Mais j'ai un voisin , un cordonnier, qui a aussi deux yeux, et dans son métier les deux yeux ne sont pas nécessaires.

Alors le prince fit venir le cordonnier. Et il est venu. Et ils ont arraché un des deux yeux du cordonnier.

Et la justice était satisfaite.

Le renard

Un renard a regardé son ombre au lever du soleil et a dit : « Je vais manger un chameau pour le déjeuner aujourd'hui. » Et toute la matinée, il partit chercher des chameaux. Mais à midi, il revit son ombre et il dit : « Une souris fera l'affaire. »

Le roi sage

Autrefois, dans la ville lointaine de Wirani , régnait un roi à la fois puissant et sage. Et il était craint pour sa puissance et aimé pour sa sagesse.

Or, au cœur de cette ville se trouvait un puits dont l'eau était fraîche et cristalline, où buvaient tous les habitants, même le roi et ses courtisans ; car il n'y avait pas d'autre puits.

Une nuit, alors que tout le monde dormait, une sorcière entra dans la ville, versa sept gouttes d'un liquide étrange dans le puits et dit : « À partir de cette heure, celui qui boit cette eau deviendra fou. »

Le lendemain matin, tous les habitants, à l'exception du roi et de son seigneur chambellan, burent au puits et devinrent fous, comme la sorcière l'avait prédit.

publiques , les gens ne faisaient que murmurer entre eux : « Le roi est fou. Notre roi et son seigneur chambellan ont perdu la raison. Nous ne pouvons certainement pas être gouvernés par un roi fou. Nous devons le détrôner.

Ce soir-là, le roi ordonna qu'une coupe d'or soit remplie du puits. Et quand on le lui apporta , il but abondamment et le donna à boire à son seigneur chambellan.

Et il y eut une grande joie dans cette ville lointaine de Wirani , car son roi et son seigneur chambellan avaient retrouvé la raison.

Ambition

Trois hommes se sont rencontrés à une table de taverne. L'un était tisserand, un autre charpentier et le troisième laboureur.

Le tisserand dit : « J'ai vendu aujourd'hui un fin linceul pour deux pièces d'or. Donnons-nous tout le vin que nous voulons.

« Et moi, dit le charpentier, j'ai vendu mon meilleur cercueil. Nous aurons un bon rôti avec le vin.

« Je n'ai creusé qu'une tombe, dit le laboureur, mais mon patron m'a payé le double. Prenons aussi des gâteaux au miel.

Et toute la soirée, la taverne fut occupée, car on demandait souvent du vin, de la viande et des gâteaux. Et ils étaient joyeux.

Et l'hôte se frottait les mains et souriait à sa femme ; car ses invités dépensaient librement.

Quand ils partirent, la lune était haute et ils marchèrent le long de la route en chantant et en criant ensemble.

L'hôte et sa femme se tenaient à la porte de la taverne et prenaient soin d'eux.

"Ah!" dit la femme, ces messieurs ! Si libre et si gay ! Si seulement ils pouvaient nous porter autant de chance chaque jour ! Alors notre fils n'a pas besoin d'être tavernier et de travailler si dur. Nous pourrions l'éduquer et il pourrait devenir prêtre.

Le nouveau plaisir

Hier soir, j'ai inventé un nouveau plaisir, et comme j'en faisais le premier essai, un ange et un diable se sont précipités vers ma maison. Ils se sont rencontrés à ma porte et se sont battus pour mon plaisir nouvellement créé ; l'un criant : « C'est un péché ! » — l'autre : « C'est une vertu ! »

L'autre langue

Trois jours après ma naissance, alors que j'étais allongé dans mon berceau de soie, regardant avec étonnement et consternation le nouveau monde qui m'entourait, ma mère s'adressa à la nourrice et lui dit : « Comment va mon enfant ?

Et la nourrice répondit : « Il va bien, Madame, je l'ai nourri trois fois ; et jamais auparavant je n'avais vu un bébé aussi jeune et aussi gay.

Et j'étais indigné; et je m'écriai : « Ce n'est pas vrai, mère ; car mon lit est dur, et le lait que j'ai sucé est amer à ma bouche, et l' odeur du sein est fétide dans mes narines, et je suis très malheureux.

Mais ma mère ne comprenait pas, la nourrice non plus ; car la langue que je parlais était celle du monde d'où je venais.

Et le vingt et unième jour de ma vie, alors que j'étais baptisé, le curé dit à ma mère : « Vous devriez bien être heureuse, Madame, que votre fils soit né chrétien. »

Et j'ai été surpris, et j'ai dit au prêtre : « Alors, votre mère au ciel devrait être malheureuse, car vous n'êtes pas né chrétien. »

Mais le curé non plus ne comprenait pas ma langue.

Et après sept lunes, un jour un devin m'a regardé et il a dit à ma mère : « Ton fils sera un homme d'État et un grand chef d'hommes. »

Mais je m'écriai : « C'est un faux prophète ; car je serai musicien, et je ne serai rien d'autre qu'un musicien.

Mais même à cet âge, on ne comprenait pas ma langue, et mon étonnement fut grand.

Et après trente-trois ans, pendant lesquels ma mère, la nourrice et le prêtre sont tous morts, (l'ombre de Dieu soit sur leurs esprits), le devin vit toujours. Et hier je l'ai rencontré près des portes du temple ; et pendant que nous parlions ensemble , il a dit : « J'ai toujours su que tu deviendrais un grand musicien. Même dans ton enfance, j'ai prophétisé et prédit ton avenir.

Et je l'ai cru – car maintenant, moi aussi, j'ai oublié le langage de cet autre monde.

La Grenade

Un jour, alors que je vivais au cœur d'une grenade, j'ai entendu une graine dire : « Un jour, je deviendrai un arbre, et le vent chantera dans mes branches, et le soleil dansera sur mes feuilles, et je serai fort et puissant. belle à toutes les saisons.

Alors une autre graine parla et dit : « Quand j'étais aussi jeune que toi, j'avais moi aussi de telles opinions ; mais maintenant que je peux peser et mesurer les choses, je vois que mes espoirs étaient vains.

Et une troisième graine dit aussi : « Je ne vois rien en nous qui promette un si grand avenir. »

Et un quatrième a déclaré : « Mais quelle moquerie notre vie serait sans un avenir meilleur ! »

Un cinquième dit : « Pourquoi contester ce que nous serons, alors que nous ne savons même pas ce que nous sommes. »

Mais un sixième a répondu : « Quoi que nous soyons, nous continuerons à l'être. »

Et un septième a déclaré : « J'ai une idée très claire de comment tout se passera, mais je ne peux pas l'exprimer avec des mots. »

Puis un huit parla – et un neuvième – et un dixième – et puis plusieurs – jusqu'à ce que tous parlent, et je ne pus rien distinguer parmi les nombreuses voix.

C'est ainsi que je m'installe le jour même au cœur d'un coing, où les graines sont peu nombreuses et presque silencieuses.

Les deux cages

Dans le jardin de mon père il y a deux cages. Dans l'un se trouve un lion que les esclaves de mon père ont rapporté du désert de Ninive ; dans l'autre, un moineau sans chant.

Chaque jour, à l'aube, le moineau crie au lion : « Bonjour, frère prisonnier. »

Les trois fourmis

Trois fourmis se sont rencontrées sur le nez d'un homme qui dormait au soleil. Et après s'être salués, chacun selon la coutume de sa tribu, ils restèrent là, conversant.

La première fourmi dit : « Ces collines et ces plaines sont les plus arides que j'ai jamais connues. J'ai cherché toute la journée une sorte de grain, et je n'en ai pas trouvé.

La deuxième fourmi dit : « Moi non plus, je n'ai rien trouvé, même si j'ai visité chaque recoin et chaque clairière. C'est, je crois, ce que mon peuple appelle la terre douce et mouvante où rien ne pousse.

Alors la troisième fourmi leva la tête et dit : « Mes amis, nous nous trouvons maintenant sur le nez de la Fourmi Suprême, la Fourmi puissante et infinie, dont le corps est si grand que nous ne pouvons le voir, dont l'ombre est si vaste que nous ne pouvons pas le voir. nous ne pouvons pas le retrouver, dont la voix est si forte que nous ne pouvons pas l'entendre ; et Il est omniprésent.

Quand la troisième fourmi parla ainsi, les autres fourmis se regardèrent et rirent.

À ce moment-là, l'homme bougea et, dans son sommeil, leva la main et se gratta le nez, et les trois fourmis furent écrasées.

Le fossoyeur

Un jour, alors que j'étais en train d'enterrer l'un de mes morts, le fossoyeur est venu et m'a dit : « De tous ceux qui viennent ici pour l'enterrer, c'est toi seul que j'aime. »

J'ai dit : « Vous me plaisez extrêmement, mais pourquoi m'aimez-vous ?

« Parce que, » dit-il, « ils viennent en pleurant et repartent en pleurant ; vous ne faites que venir en riant et repartez en riant. »

Sur les marches du Temple

Hier, sur les marches de marbre du Temple, j'ai vu une femme assise entre deux hommes. Un côté de son visage était pâle, l'autre rougissait.

La ville bénie

Dans ma jeunesse, on m'a dit que dans une certaine ville, tout le monde vivait selon les Écritures.

Et j'ai dit : « Je chercherai cette ville et sa bénédiction. » Et c'était loin. Et j'ai pris de grandes dispositions pour mon voyage. Et après quarante jours, je vis la ville et le quarante et unième jour j'y entrai.

Et voilà ! toute la compagnie des habitants n'avait chacun qu'un seul œil et qu'une seule main. Et j'étais étonné et je me disais : « Est-ce que ceux de cette ville si sainte n'auront qu'un œil et une main ?

Alors je vis qu'eux aussi étaient étonnés, car ils s'émerveillaient beaucoup de mes deux mains et de mes deux yeux. Et pendant qu'ils parlaient ensemble , je les ai interrogé en disant : « Est-ce bien là la Ville bénie, où chacun vit selon les Écritures ? Et ils ont dit : « Oui, c'est cette ville-là. »

« Et que vous est-il arrivé, dis-je, et où sont vos yeux droits et vos mains droites ?

Et tout le monde était ému. Et ils dirent : « Viens et vois. »

Et ils m'emmenèrent au temple au milieu de la ville. Et dans le temple , j'ai vu un tas de mains et d'yeux. Tout flétri. Alors je dis : « Hélas ! quel conquérant vous a commis une telle cruauté ?

Et il y eut un murmure parmi eux. Et l'un de leurs aînés se leva et dit : « C'est notre action. Dieu nous a fait vainqueurs du mal qui était en nous.

Et il me conduisit à un maître-autel, et tout le monde le suivit. Et il me montra au-dessus de l'autel une inscription gravée , et je lus :

> « Si ton œil droit te scandalise , arrache-le et jette-le loin de toi ; car il est avantageux pour toi qu'un de tes membres périsse, et non que tout le corps soit jeté en enfer. Et si ta main droite te scandalise , coupe-la et jette-la loin de toi ; car il est avantageux pour toi qu'un de tes membres périsse, et non que ton corps tout entier soit jeté en enfer.

Puis j'ai compris. Et je me tournai vers tout le peuple et je criai : « Nul homme ni femme parmi vous n'a-t-il deux yeux ou deux mains ?

Et ils m'ont répondu : « Non, pas un seul. Il n'y a personne d'entier, sauf ceux qui sont encore trop jeunes pour lire l'Écriture et comprendre ses commandements. »

Et quand nous fûmes sortis du temple, je quittai aussitôt cette Ville Bénie ; car je n'étais pas trop jeune et je savais lire les Écritures.

Le Dieu bon et le Dieu méchant

Le Dieu Bon et le Dieu Maléfique se sont rencontrés au sommet de la montagne.

Le Bon Dieu dit : « Bonjour, mon frère. »

Le Dieu maléfique n'a pas répondu.

Et le Bon Dieu dit : « Vous êtes de mauvaise humeur aujourd'hui. »

"Oui", dit le Dieu maléfique, "car ces derniers temps, j'ai souvent été pris pour toi, appelé par ton nom et traité comme si j'étais toi, et cela me déplaît."

Et le Bon Dieu dit : « Mais moi aussi, j'ai été pris pour toi et appelé par ton nom. »

Le Dieu maléfique s'en alla en maudissant la stupidité de l'homme.

Défaite

Défaite, ma Défaite, ma solitude et mon éloignement ;
Tu m'es plus cher que mille triomphes, Et plus doux à mon cœur que toute la gloire du monde.

Défaite, ma Défaite, ma connaissance de moi-même et mon défi,
Par toi je sais que je suis encore jeune et rapide Et que je ne peux pas me laisser piéger par des lauriers flétris. Et en toi j'ai trouvé la solitude Et la joie d'être évité et méprisé.

Défaite, ma défaite, mon épée et mon bouclier brillants,
Dans tes yeux j'ai lu Qu'être intronisé, c'est être asservi, Et être compris, c'est être abaissé, Et être saisi, ce n'est qu'atteindre sa plénitude Et comme un fruit mûr à tomber et être consumé.

Défaite, ma Défaite, mon audacieux compagnon,
Tu entendras mes chants et mes cris et mes silences, Et personne d'autre que toi ne me parlera du battement des ailes, Et de l'appel des mers, Et des montagnes qui brûlent dans la nuit, Et toi seul graviras mon âme escarpée et rocailleuse.

Défaite, ma défaite, mon courage immortel,
Toi et moi rirons ensemble avec la tempête, Et ensemble nous creuserons des tombes pour tous ceux qui meurent en nous,
Et nous nous tiendrons au soleil avec une volonté,
Et nous serons dangereux.

La nuit et le fou

« Je suis comme toi, ô Nuit, sombre et nue ; Je marche sur le chemin flamboyant qui est au-dessus de mes rêveries, et chaque fois que mon pied touche terre, un chêne géant surgit.

"Non, tu n'es pas comme moi, ô fou, car tu regardes toujours en arrière pour voir quelle grande empreinte tu laisses sur le sable."

« Je suis comme toi, ô Nuit, silencieuse et profonde ; et au cœur de ma solitude repose une Déesse dans un lit d'enfant ; et en celui qui naît, le Ciel touche l'Enfer.

"Non, tu n'es pas comme moi, ô fou, car tu frémis encore devant la douleur, et le chant de l'abîme te terrifie."

« Je suis comme toi, ô Nuit, sauvage et terrible ; car mes oreilles sont remplies de cris des nations conquises et de soupirs pour les terres oubliées.

prends toujours ton petit moi pour un camarade, et avec ton moi monstre tu ne peux pas être ami."

« Je suis comme toi, ô Nuit, cruelle et affreuse ; car mon sein est éclairé par les navires en feu en mer, et mes lèvres sont mouillées du sang des guerriers tués.

« Non, tu n'es pas comme moi, ô fou ; car le désir d'un esprit sœur est encore sur toi, et tu n'es pas devenu seul pour toi-même.

« Je suis comme toi, ô Nuit, joyeuse et heureuse ; car celui qui demeure dans mon ombre est maintenant ivre de vin vierge, et celle qui me suit pèche joyeusement.

"Non, tu n'es pas comme moi, ô fou, car ton âme est enveloppée dans un voile à sept plis et tu ne tiens pas ton cœur dans ta main."

« Je suis comme toi, ô Nuit, patiente et passionnée ; car dans mon sein mille amants morts sont enterrés dans des linceuls de baisers flétris.

« Oui, Fou, es-tu comme moi ? Es -tu comme moi ? Et peux-tu chevaucher la tempête comme un cheval, et saisir la foudre comme une épée ?

« Comme toi, ô Nuit, comme toi, puissante et haute, et mon trône est bâti sur des tas de dieux déchus ; et devant moi aussi passent les journées à embrasser le bord de mon vêtement mais à ne jamais regarder mon visage.

« Es -tu comme moi, enfant de mon cœur le plus sombre ? Et penses-tu à mes pensées indomptées et parles-tu mon vaste langage ?

« Oui, nous sommes frères jumeaux, ô Nuit ; car tu révèles l'espace et je révèle mon âme.

Visages

J'ai vu un visage avec mille visages, et un visage qui n'était qu'un seul visage comme s'il était retenu dans un moule .

J'ai vu un visage dont je pouvais voir l'éclat jusqu'à la laideur en dessous, et un visage dont je devais soulever l'éclat pour voir à quel point il était beau.

J'ai vu un vieux visage très ridé et un visage lisse dans lequel toutes choses étaient gravées.

Je connais les visages, car je regarde à travers le tissu tissé par mon propre œil et je vois la réalité en dessous.

La Grande Mer

Mon âme et moi sommes allés nous baigner dans la grande mer. Et quand nous avons atteint le rivage, nous sommes partis à la recherche d'un endroit caché et solitaire.

Mais alors que nous marchions, nous avons vu un homme assis sur un rocher gris qui prenait des pincées de sel d'un sac et les jetait à la mer.

«C'est le pessimiste», dit mon âme, «quittons cet endroit. Nous ne pouvons pas nous baigner ici.

Nous avons continué jusqu'à atteindre une crique. Là, nous vîmes, debout sur un rocher blanc, un homme tenant une boîte ornée de bijoux, d'où il prit du sucre et le jeta à la mer.

"Et celui-ci est l'optimiste", dit mon âme, "Et lui non plus ne doit pas voir nos corps nus."

Plus loin nous avons marché. Et sur une plage , nous avons vu un homme ramasser des poissons morts et les remettre tendrement à l'eau.

"Et nous ne pouvons pas nous baigner devant lui", dit mon âme. "C'est un philanthrope humain."

Et nous sommes passés à autre chose.

Puis nous sommes arrivés où nous avons vu un homme traçant son ombre sur le sable. De grandes vagues sont arrivées et l'ont effacé. Mais il continua à le retracer encore et encore.

"C'est lui le mystique", dit mon âme, "Laissons-le."

Et nous avons continué notre route, jusqu'à ce que, dans un abri silencieux, nous ayons vu un homme ramasser la mousse et la mettre dans un bol en albâtre.

"C'est un idéaliste", dit mon âme, "Il ne doit sûrement pas voir notre nudité."

Et nous avons continué notre marche. Soudain, nous avons entendu une voix crier : « C'est la mer. C'est la mer profonde. C'est la mer vaste et puissante. Et quand nous avons entendu la voix , c'était un homme qui tournait le dos à la mer et qui tenait à son oreille un coquillage, écoutant son murmure.

Et mon âme a dit : « Passons à autre chose. C'est le réaliste qui tourne le dos à l'ensemble qu'il ne peut saisir et s'occupe d'un fragment. »

Alors nous sommes passés à autre chose. Et dans un endroit herbeux, parmi les rochers, il y avait un homme dont la tête était enfouie dans le sable. Et j'ai dit à mon âme : « Nous pouvons nous baigner ici, car il ne peut pas nous voir. »

«Non», dit mon âme, «car il est le plus mortel de tous. C'est le puritain.

Puis une grande tristesse est apparue sur le visage de mon âme et dans sa voix.

« Partons d'ici », dit-elle, « car il n'y a pas d'endroit isolé et caché où nous puissions nous baigner. Je ne voudrais pas que ce vent soulève mes cheveux dorés, ou dévoile ma poitrine blanche dans cet air, ou que la lumière révèle ma nudité sacrée.

Puis nous avons quitté cette mer pour chercher la Grande Mer.

Crucifié

J'ai crié aux hommes : « Je serais crucifié ! »

Et ils dirent : « Pourquoi ton sang devrait-il être sur nos têtes ? »

Et je répondis : « Comment pourriez-vous être exalté sinon en crucifiant des fous ? »

Et ils ont écouté et j'ai été crucifié. Et la crucifixion m'a apaisé.

Et quand j'ai été pendu entre la terre et le ciel , ils ont levé la tête pour me voir. Et ils furent exaltés, car jamais auparavant leurs têtes n'avaient été levées.

Mais alors qu'ils me regardaient, l'un d'eux m'a crié : « Pour quoi cherches-tu à expier ?

Et un autre criait : « Pour quelle cause te sacrifies-tu ?

Et un troisième dit : « Penses -tu, avec ce prix, acheter la gloire mondiale ?

Puis un quatrième dit : « Voyez comme il sourit ! Une telle douleur peut-elle être pardonnée ?

Et je leur ai répondu à tous et j'ai dit :

« Rappelez-vous seulement que j'ai souri. Je n'expierai pas – ni ne sacrifierai – ni ne souhaite la gloire ; et je n'ai rien à pardonner. J'avais soif et je vous suppliais de me donner mon sang à boire. Car qu'y a-t-il d'autre qui puisse étancher la soif d'un fou, sinon son propre sang ? J'étais bête — et je vous ai demandé des blessures pour bouche. J'étais emprisonné dans vos jours et vos nuits – et je cherchais une porte vers des jours et des nuits plus vastes.

Et maintenant je pars – comme d'autres déjà crucifiés sont partis. Et ne pensez pas que nous sommes fatigués de la crucifixion. Car nous devons être crucifiés par des hommes de plus en plus grands, entre de plus grandes terres et de plus grands cieux.

L'astronome

Dans l'ombre du temple, mon ami et moi avons vu un aveugle assis seul. Et mon ami a dit : « Voici l'homme le plus sage de notre pays. »

Ensuite, j'ai quitté mon ami, je me suis approché de l'aveugle et je l'ai salué. Et nous avons discuté.

Au bout d'un moment, j'ai dit : « Pardonnez ma question ; mais depuis quand es-tu aveugle ?

«Depuis ma naissance», répondit-il.

J'ai dit : « Et quel chemin de sagesse suis- tu ? »

Il dit : « Je suis astronome. »

Puis il posa la main sur sa poitrine en disant : « Je regarde tous ces soleils, ces lunes et ces étoiles. »

Le grand désir

Ici, je suis assis entre mon frère la montagne et ma sœur la mer.

Nous ne faisons qu'un dans la solitude, et l'amour qui nous lie est profond, fort et étrange. Bien plus, c'est plus profond que la profondeur de ma sœur et plus fort que la force de mon frère, et plus étrange que l'étrangeté de ma folie.

Des éons après des éons se sont écoulés depuis que la première aube grise nous a rendus visibles les uns aux autres ; et bien que nous ayons vu la naissance, la plénitude et la mort de nombreux mondes, nous sommes toujours jeunes et impatients.

Nous sommes jeunes et désireux et pourtant nous sommes sans compagnon et sans visite, et bien que nous restions dans une demi-étreinte ininterrompue, nous ne sommes pas à l'aise. Et quel réconfort y a-t-il pour un désir contrôlé et une passion non dépensée ? D'où viendra le dieu flamboyant pour réchauffer le lit de ma sœur ? Et quel torrent éteindra le feu de mon frère ? Et quelle est la femme qui commandera mon cœur ?

Dans le calme de la nuit, ma sœur murmure dans son sommeil le nom inconnu du dieu du feu, et mon frère invoque au loin la déesse fraîche et lointaine. Mais qui j'invoque dans mon sommeil, je ne le sais pas.

Ici, je suis assis entre mon frère la montagne et ma sœur la mer. Nous ne faisons qu'un dans la solitude, et l'amour qui nous lie est profond, fort et étrange.

Dit un brin d'herbe

Un brin d'herbe dit à une feuille d'automne : « Tu fais un tel bruit en tombant ! Vous dispersez tous mes rêves d'hiver.

Dit la feuille indignée : « Des gens de naissance et des habitants de basse altitude ! Chose sans chanson et maussade ! Vous ne vivez pas dans les airs et vous ne pouvez pas distinguer le son du chant.

Alors la feuille d'automne se coucha sur la terre et s'endormit. Et quand le printemps arriva, elle se réveilla de nouveau – et elle n'était plus qu'un brin d'herbe.

Et quand ce fut l'automne et que son sommeil hivernal était sur elle, et qu'au-dessus d'elle, dans tout l'air, les feuilles tombaient, elle murmura : « Ô ces feuilles d'automne ! Ils font tellement de bruit ! Ils dispersent tous mes rêves d'hiver.

L'oeil

L'Œil dit un jour : « Je vois au-delà de ces vallées une montagne voilée de brume bleue. N'est-ce pas beau ?

L'Oreille écouta, et après avoir écouté attentivement pendant un moment, elle dit : « Mais où est une montagne ? Je ne l'entends pas.

Alors la Main parla et dit : « J'essaie en vain de la sentir ou de la toucher, et je ne trouve aucune montagne. »

Et le Nez dit : « Il n'y a pas de montagne, je ne peux pas la sentir. »

Puis l'Œil se tourna dans l'autre sens, et ils commencèrent tous à parler ensemble de l'étrange illusion de l'Œil. Et ils dirent : « Il doit y avoir quelque chose qui ne va pas avec l'Œil. »

Les deux savants

Il était une fois deux hommes érudits qui se détestaient et se dépréciaient mutuellement dans l'ancienne ville d' Afkar . Car l'un d'eux niait l'existence des dieux et l'autre était croyant.

Un jour, les deux hommes se rencontrèrent sur la place du marché et, parmi leurs partisans, ils commencèrent à se disputer et à discuter sur l'existence ou la non-existence des dieux. Et après des heures de dispute, ils se séparèrent.

Ce soir-là, l'incroyant se rendit au temple, se prosterna devant l'autel et pria les dieux de pardonner son passé capricieux.

Et à la même heure, l'autre savant, celui qui avait défendu les dieux, brûla ses livres sacrés. Car il était devenu incroyant.

Quand mon chagrin est né

Quand mon chagrin est né , je l'ai soigné avec soin et je l'ai veillé avec une tendresse aimante.

Et mon chagrin grandit comme tous les êtres vivants, fort et beau et plein de délices merveilleux.

Et nous nous aimions, ma Douleur et moi, et nous aimions le monde qui nous entourait ; car Sorrow avait un cœur bon et le mien était bon avec Sorrow.

Et lorsque nous causions, ma Douleur et moi, nos jours étaient ailés et nos nuits étaient ceintes de rêves ; car Sorrow avait une langue éloquente, et la mienne était éloquente avec Sorrow.

Et quand nous chantions ensemble, ma Douleur et moi, nos voisins s'asseyaient à leurs fenêtres et écoutaient ; car nos chants étaient profonds comme la mer et nos mélodies étaient pleines de souvenirs étranges.

Et lorsque nous marchions ensemble, ma Douleur et moi, les gens nous regardaient avec des yeux doux et murmuraient des paroles d'une extrême douceur. Et il y avait ceux qui nous regardaient avec envie, car le chagrin était une chose noble et j'étais fier du chagrin.

Mais mon chagrin est mort, comme tous les êtres vivants, et je me retrouve seul pour réfléchir et réfléchir.

Et maintenant, quand je parle, mes paroles tombent lourdement sur mes oreilles.

Et quand je chante mes chansons, mes voisins ne viennent pas m'écouter.

Et quand je marche dans les rues, personne ne me regarde.

C'est seulement dans mon sommeil que j'entends des voix qui disent avec pitié : « Voyez, c'est là que repose l'homme dont le chagrin est mort. »

Et quand ma joie est née

Et quand ma Joie est née, je l'ai tenue dans mes bras et je me suis tenue sur le toit de la maison en criant : « Venez, mes voisins , venez et voyez, car la Joie m'est née aujourd'hui. Venez contempler cette chose joyeuse qui rit au soleil.

Mais aucun de mes voisins ne vint voir ma Joy, et grand fut mon étonnement.

Et chaque jour, pendant sept lunes, j'ai proclamé ma joie du haut de la maison, et pourtant personne ne m'a écouté. Et ma Joy et moi étions seuls, non recherchés et non visités.

Puis ma joie devint pâle et lasse parce qu'aucun autre cœur que le mien ne conservait sa beauté et qu'aucune autre bouche ne l'embrassait.

Puis ma Joy est morte d'isolement.

Et maintenant je ne me souviens de ma joie morte qu'en me souvenant de ma douleur morte. Mais la mémoire est une feuille d'automne qui murmure un moment dans le vent puis ne se fait plus entendre.

« Le monde parfait »

Dieu des âmes perdues, toi qui es perdu parmi les dieux, écoute-moi :

Doux Destin qui veille sur nous, esprits fous et errants, écoutez-moi :

J'habite au milieu d'une race parfaite, je suis la plus imparfaite.

Moi, chaos humain, nébuleuse d'éléments confus, j'évolue parmi des mondes finis – des peuples aux lois complètes et à l'ordre pur, dont les pensées sont assorties, dont les rêves sont arrangés et dont les visions sont inscrites et enregistrées.

Leurs vertus, ô Dieu, sont mesurées, leurs péchés sont pesés, et même les innombrables choses qui se passent dans le sombre crépuscule de ni péché ni vertu sont enregistrées et cataloguées.

Ici, les jours et les nuits sont divisés en saisons de conduite et régis par des règles d'une exactitude irréprochable.

Manger, boire, dormir, couvrir sa nudité, puis se lasser au moment voulu.

Travailler, jouer, chanter, danser, puis rester immobile lorsque l'horloge sonne l'heure.

Penser ainsi, ressentir tant de choses, puis cesser de penser et de ressentir lorsqu'une certaine étoile s'élève au-dessus de l'horizon.

Voler un voisin avec un sourire, offrir des cadeaux d'un geste gracieux de la main, louer avec prudence, blâmer avec prudence, détruire un son avec un mot, brûler un corps avec un souffle, puis se laver les mains quand la journée de travail est terminée.

Aimer selon un ordre établi, se divertir d'une manière préconçue, adorer les dieux avec dignité, intriguer les démons avec art, et puis oublier tout comme si la mémoire était morte.

Imaginer avec motif, contempler avec considération, être heureux avec douceur, souffrir noblement, puis vider la coupe pour que demain la remplisse à nouveau.

Toutes ces choses, ô Dieu, sont conçues avec prévoyance, nées avec détermination, nourries avec exactitude, gouvernées par des règles, dirigées par la raison, puis tuées et enterrées selon une méthode prescrite. Et même leurs tombes silencieuses qui reposent dans l'âme humaine sont marquées et numérotées.

C'est un monde parfait, un monde d'excellence consommée, un monde de merveilles suprêmes, le fruit le plus mûr du jardin de Dieu, la pensée maîtresse de l'univers.

Mais pourquoi serais-je ici, ô Dieu, moi, graine verte d'une passion inassouvie, tempête folle qui ne cherche ni l'est ni l'ouest, fragment ahuri d'une planète brûlée ?

Pourquoi suis-je ici, ô Dieu des âmes perdues, toi qui es perdu parmi les dieux ?